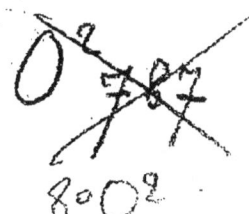

1878.

Zitu-go kyau, Dô-zi kyau

L'ENSEIGNEMENT DES VÉRITÉS

et

L'ENSEIGNEMENT DE LA JEUNESSE

Traduits du Japonais

PAR

LÉON DE ROSNY

Professeur à l'École spéciale des
Langues Orientales.

Premier fascicule :

Introduction, p. 1 à VIII. -- Version japonaise, traduction et commentaire, pp. 1 à 48. -- Fac-similé lithographique du texte original, pp. 1 à 16.

LE LOTUS

RECUEIL

DE

DOCUMENTS ORIGINAUX

relatifs

à l'Orient Bouddhique

TRADUITS

DU CHINOIS, DU MONGOL, DU MANDCHOU, DU CORÉEN, DU JAPONAIS,
DE L'ANNAMITE, DU SIAMOIS, DU CAMBODGIEN, DU BARMAN, DU SANSKRIT, ETC.,

et publiés par

LÉON DE ROSNY

PARIS

IMPRIMERIE DE LA REVUE ORIENTALE ET AMÉRICAINE

47, Avenue Duquesne.

1878

INTRODUCTION

INTRODUCTION

'*Enseignement des Vérités* et l'*Enseignement de la Jeunesse*, dont je donne ici le texte original et la traduction, comptaient, il y a quelques années, — alors que l'esprit européen n'avait pas encore pénétré de part en part la civilisation Japonaise, — au nombre des livres classiques les plus populaires de l'extrême Orient.

Le premier se recommande à l'attention, par le nom de son auteur, *Kô-bau daï-si*, qui fut le plus célèbre des philosophes Japonais, au VIIIe siècle de notre ère, époque où les lettres prirent définitivement leur essor dans les îles de l'Asie Orientale.

Le second, beaucoup plus étendu que le premier, et d'ordinaire publié à sa suite comme une sorte de complément, est intéressant en ce qu'il nous montre de quelle façon les idées bouddhiques, introduites au Nippon par les missionnaires Coréens, se sont altérées dans ces lointains parages, et comment ces idées se sont associées aux doctrines multiples et hétérodoxes qui n'ont point cessé d'être pratiquées au Japon, depuis l'introduction de la philosophie de Confucius jusqu'à nos jours.

Cette traduction, je l'ai entreprise dans la pensée que faire connaître les livres choisis par un peuple pour l'enseignement moral de la jeunesse, pouvait être une sorte d'introduction à l'étude des évolutions intellectuelles de ce peuple.

De tous temps, les Japonais paraissent avoir été très-avides d'instruction. La rapidité avec laquelle ils ont adopté, il y a plus de quinze cents ans, la langue écrite de la Chine, d'une part, — l'ardeur, en quelque sorte fiévreuse qu'ils déploient, de nos jours, pour s'initier à tous les arts et à toutes les sciences de l'Occident, d'autre part, — témoignent en faveur de la curiosité naturelle de leur intelligence. On peut contester à leur ancienne littérature, un caractère complètement autonome, puisqu'elle a été saturée, dès ses débuts, d'idées chinoises et indiennes ;

mais on aurait peut-être tort d'oublier que, presque aussitôt après avoir emprunté à la Chine ses signes idéographiques et un petit nombre de ses livres moraux, — à l'Inde, quelques-uns de ses codes religieux ou plutôt de ses manuels liturgiques, le Japon, emprisonné de tous côtés par les mers inclémentes des typhons et privé de relations suivies avec le continent par la politique soupçonneuse de ses princes, s'est vu condamné, pendant près de dix siècles, à un isolement à peu près absolu du reste du monde civilisé. Pendant cette longue période, le génie national a incorporé peu à peu tout le vocabulaire chinois dans le trésor de sa propre langue ; et, grâce aux ressources immenses que lui fournissait un pareil instrument, il a pu se manifester par d'innombrables monuments littéraires, à peu près tous également inconnus dans leur ensemble, mais dont on a pu se former déjà une idée en Europe, par les spécimens trop peu nombreux, il est vrai, que nous en ont fourni les Orientalistes français et étrangers.

S'il est vrai qu'on doive juger de la supériorité d'un peuple par le développement qu'il a su donner à l'instruction publique, le Japon occupe certainement une place remarquable dans le concert des nations civilisées. Les hommes qui ne savent pas lire l'écriture vulgaire sont, en effet, plus rares au Japon que dans la plupart des contrées européennes ; et, sans que l'instruction primaire y soit légalement obligatoire, les écoles sont fréquentées, aussi bien dans les villages que dans les grands centres, par une jeunesse active, ardente au travail, jalouse de connaître ses lettres dès l'âge le plus tendre. Les Japonais n'ont jamais été de l'avis de Rousseau, qui soutenait que « la lecture est le fléau de l'enfance * » : ils ont tout fait, au contraire, pour rendre aisée et rapide, à leurs enfants, la pratique de l'alphabet indigène. Il faut dire, en vérité, que l'alphabet japonais offre un avantage incontestable sur les nôtres, au point de vue de la facilité avec laquelle il permet aux jeunes intelligences de comprendre de suite et sans effort la représentation des mots écrits. Cet alphabet, à peu près le seul de ce genre, est absolument syllabique ** ; en d'autres termes, chacune de ses lettres exprime une syllabe entière, composée d'une consonne et d'une voyelle inhérente, et jamais, comme dans nos caractères, une consonne isolée, abstraction faite de toute voyelle subséquente ***. Or, rien n'est embarrassant pour un enfant, comme d'arriver à com-

---

* *Émile*, liv. II.

** On ne compte guère aujourd'hui que deux alphabets absolument *syllabiques*, l'alphabet japonais, inventé au VIIIe siècle de notre ère, et l'alphabet tchérokais, de formation toute récente. Dans l'antiquité, on retrouve quelques exemples de ce système, notamment parmi les écritures cunéiformes anariennes, dont le type dit « touranien » présente de singulières analogies de composition avec le système de l'écriture japonaise. (Voy., à ce sujet ma lettre à M. Oppert, dans la *Revue Orientale et Américaine*, t. IX, p. 269).

*** Les voyelles, en japonais, sont bien représentées par des signes spéciaux, mais ces mêmes signes ne se reproduisent plus, pour exprimer les voyelles, lorsqu'elles sont attachées à une consonne. Par exemple, ア signifie *a*, et l'on écrit ハ *ha*, カ *ka*, タ *ta*, ラ *ra*, ヤ *ya*, etc. Dans le signe *ta* rien ne rappelle davantage le *t*, car on écrit テ *te*, チ *ti*, ト *to*, ツ *tu*. — On pourrait peut-être considérer le signe ン *n* comme une exception ; mais ce signe, qui n'était pas employé primitivement et qu'on remplace encore quelquefois par le signe syllabique *mu*, n'est autre que le signe de la nasalisation d'une voyelle, analogue, dans une certaine mesure, à l'*anusvâra* de l'écriture indienne dévanâgari.

prendre qu'un *bé* devant un *a* fait *ba* et non *béa*. En japonais, il suffit d'appeler l'une après l'autre chaque lettre d'un mot par son nom, pour lire et prononcer le mot lui-même : 夕 est la syllabe *ta*, バ est *ba*, コ est *ko* ; les trois signes, épelés successivement, donnent le mot *tabako* « tabac », sans qu'il soit nécessaire d'enseigner un précepte quelconque de phonétisme pour assurer l'exactitude de la lecture. En outre, les lettres de leur alphabet, au lieu d'être réunies, comme les nôtres, dans un désordre absolu et qui n'est justifié que par un motif paléographique des moins respectables, ont été groupées de manière à former une jolie chanson *, à peine défectueuse de style, et que les enfants se font un plaisir de fredonner dès qu'ils commencent à fréquenter les écoles.

A côté de ces facilités que rencontrent les jeunes Japonais pour apprendre à lire, on a su réunir, pour leur instruction primaire, un *enseignement par les yeux*, dont on commence en Europe, depuis quelques années seulement, à comprendre l'incontestable utilité pratique. La géographie elle même est exposée de la façon la plus avantageuse pour intéresser les élèves. Avant l'invasion des livres européens, les atlas indigènes laissaient fort à désirer, au point de vue de l'exactitude mathématique des projections ; mais ils étaient suffisants pour les besoins de ceux auxquels

---

*Cette chanson se trouve notamment dans mon *Anthologie japonaise*, p. 117.

ils étaient destinés. Partant du principe, que les leçons de géographie doivent être au début des leçons de topographie, qu'avant de se préoccuper des cinq parties du monde, il faut bien connaître son village et ses environs, les Japonais ont publié de petits atlas routiers dont les cartes se déroulent au fur et à mesure qu'on avance sur un chemin donné, et font connaître toutes les particularités intéressantes des stations qu'on est appelé à rencontrer. Une route vient-elle à se bifurquer, le petit atlas portatif indique, par un double tracé de lignes parallèles, les deux routes nouvelles qui se présentent au touriste ; et, par de courtes notes, il enseigne la direction et l'aboutissement de ces deux routes. Notions succinctes sur les curiosités de tout genre que le voyageur est invité à visiter sur son passage, renseignements précis sur les auberges où l'on peut prendre un repas ou passer la nuit, rien n'y manque : l'atlas est aussi intelligible pour l'enfant que pour l'homme adulte ; il éveille une curiosité féconde en enseignements, il crée des géographes dont les érudits peuvent sourire, mais des praticiens d'un genre fort utile en somme, et qui nous a trop souvent manqué en France, pour que nous ayons le droit de nous en moquer.

Au-delà de la zône de l'enseignement primaire, le Japon, sans doute, n'est pas entré dans une voie aussi féconde, aussi sérieusement progressive.

Dès que le jeune Japonais s'est rendu maître du programme de l'enseignement élémentaire, programme qui

PRÉFACE

DU

ZITU-GO KYAU

ET DU

DO-ZI KYAU.

實語教童子教餘師叙

顏氏家訓ニ曰ク學ノ牛モノ如ク成ラヌヲ麟角ノ猶シ夫レ學文ノ
道ナル者ヲ仰バ弥高ク之ヲ鑽バ弥堅シ蒲衣ハ八歳ニシテ舜ノ師
項橐ハ七歳ニシテ孔子ノ師タリ天生ナルニシテ神旦長ト狗齋固ミ夙恵ノ列ミ
ロ〳〵ニシテ史傳載スル所幼ニシテ賢ナルモ老テ甚聖ナルヘシ白緑ノ染
易キ孟母數居ヲ移グ如キ是也若少ニシテ學バズバ迷老ニ何テ解セヌモノ

PRÉFACE

DU

Zitu-go kyau et du Dô-zi kyau.

L'écrivain Gan-si (1), dans son ouvrage intitulé Ka-kun (2), a dit : « Ceux qui étudient sont [nombreux] comme les poils du bœuf ; ceux qui réussissent [dans leurs études] sont rares comme les cornes des licornes (3). » — En effet, quand on contemple la voie de la science, on reconnaît combien elle est élevée, & quand on l'aborde, on reconnait combien elle est ardue.

Ho-i, à l'âge de huit ans, fut professeur de l'empereur Sun ; Kô-toku, à l'âge de sept ans, fut professeur de Confucius (4), leurs facultés ayant été développées dès leur naissance.

Ku-sei n'est pas, en vérité, l'égal de Syak-kei. On raconte en effet dans l'histoire, que bien que dans sa jeunesse il se soit distingué, arrivé à

注釈の二教也田家山里の童子ホ
授て初登山の階梯とうる而已

干時安要戊午季春

戀体 金色道人題

la vieillesse, il n'arriva pas à la grande sagesse.

La soie blanche [symbole de l'enfance] reçoit aisément les impressions (5) : aussi la mère du [philosophe] Mau-si changeait-elle souvent d'habitation (6).

Si l'on n'étudie pas, étant jeune, l'obscurantisme (7) ne se dissipe plus, une fois devenu vieux.

Les deux ouvrages commentés [qui suivent] sont destinés [à inculquer cette pensée à la jeunesse]. Aux enfants des campagnes & des villages, ces livres sont offerts comme une échelle pour gravir les premiers degrés [de l'instruction] (8).

A la fin du printemps de l'année du Cheval, dans l'ère impériale An-seï.

Composé par le lettré
RAN-TAI KIN-TON.

ZITU-GO KYAU.

L'ENSEIGNEMENT DES VÉRITÉS.

CHIH-YU KIAO.

實語教

ぞつごきやう

羅尼著譯

1 やま たかき が ゆゑ に たつとからず、き あるを
2 もつて たつとゑ とす
3 ひと こえたる が ゆへに たつとからず・ち あるを
4 もつて たつとゑ とす
5 とみ ハ これ いつゑやう の たから みめつすれば
6 すなはち とも に めつす
7 ち ハ これ ばんだい の たから・いのち をはれば
8 すなはち ゑたがひて ゆく

ZITU-GO KYAU

1-2. Yama takaki ga yuye ni, tattokarazu; ki aruwo motte tattosi to su.

3-4. Hito koyetaru ga yuye ni, tattokarazu; ti aruwo motte tatutosi to su.

5-6. Tomi va, kore itu-syau no takara; mi-messureba, sunavati tomo ni messu.

7-8. Ti va, kore ban-dai no takara; inoti ovareba, sunavati sitaga'ite yuku.

L'ENSEIGNEMENT DES VÉRITÉS.

Les montagnes ne sont pas nobles parce qu'elles sont hautes; elles sont nobles parce qu'elles ont des arbres.

3-4. L'homme n'est pas noble parce qu'il a de l'embompoint; il est noble, parce qu'il possède la sagesse.

5-6. Les richesses sont un trésor pour cette vie seulement; quand la vie est consumée, elles sont consumées avec elle.

7-8. La sagesse est un trésor inépuisable (9); quand la vie est terminée, elle se perpétue [après elle].

CHIH-YU KIAO.

1-2. Chan kao kou pouh koueï; i yeou chou weï koueï.
3-4. Jin feï kou pouh koueï; i yeou tchi weï koueï.
5-6. Fou che yih seng tsaï; mi mieh, tsih koung mieh.
7-8. Tchi, che wan-taï tsaï; ming tchoung, tsih soui hing.

9 たま みがゝざれば ひかり なそ・ひかり なきをば いそ かはら とす

11 ひと まなばざれば ち なそ・ち なきをば ぐ にん とす

13 くら の うち の ざいハ くちる こと あり・み の うち の さい ハ くちる こと なそ

15 せんりやう の こがね を つむ と いへども・いち にち の がくふ ハ ゑかず

17 けうだい つね ふあハず・ぢひを げうだい とす

19 ざい もつ ながく そんせず・さい ちを ざいもつ とす

9-10. Tama migakazareba, hikari nasi; hikari naki woba, isi kavara to su.

11-12. Hito manabazareba ti nasi; ti nakiwoba, gu-nin to su.

13-14. Kura no uti no zai va, kudiru koto ari; mi no uti no sai va, kutiru koto nasi.

15-16. Sen ryau no koganewo tumu to iyedomo, iti-niti no gaku ni va sikazu.

17-18. Kyau-dai tune ni avazu; zi-hiwo kyau-dai to su.

19-20. Zai-motu nagaku sonsezu; sai-tiwo zai-motu to su.

9-10. Si une pierre précieuse n'est pas polie, elle n'a pas d'éclat; si elle n'a pas d'éclat, elle est alors [réduite à la condition de] caillou ou de brique.

11-12. Si l'homme n'a pas étudié, il ne possède pas la sagesse; s'il ne possède pas la sagesse, il est un être grossier.

13-14. Les richesses, dans les greniers, peuvent se détériorer; les talents personnels ne peuvent pas se détériorer.

15-16. Quand bien même on entasserait mille taëls d'or, cela ne serait pas comparable à la science acquise en un seul jour d'étude (10).

17-18. Les frères ne sont pas toujours d'accord; c'est l'affection qui fait les frères.

19-20. Les richesses ne peuvent être conservées éternellement; le talent & la sagesse sont les vraies richesses.

9-10. Yu pouh mo wou kouang; wou kouang weï chih wa.
11-12. Jin pouh hioh wou tchi; wou tchi weï yu jin.
13-14. Tsang neï tsaï yeou hieou; chih neï tsaï wou hieou.
15-16. Soui tsih tsien liang kin, pouh jou yih jih hioh.
17-18. Hioung-ti tchang pouh hoh; tse pi-weï hioung-ti.
19-20. Tsaï wouh young pouh tsun; tsaï tchi weï tsaï wouh.

21 ゑだい ひゝふ たろへ・ ゑん ぞん や＼ふ くらゑ

23 いとけなき ときふほとめ まなばざれば・ たひて のちふ うらみ くゆ と いへども なほ ゑき する ところ ある こと なゑ

26 かるがゆへ ゑよを よみて うむ こと なかれ・ がく もん ふ たこたる とき なかれ

28 ねぶりを のぞいて よも すがら ぞゆ せよ うへを その びて ひめ もす ならへ

30 ゑふあふ と いへども まえばざれば いたぞらふ いちびと ふ むかふ が ごとゑ

21-22. Si-dai hi-bi ni otorohe; sin-zin ya-ya ni kurasi.

23-25. Itokenaki toki ni tutome-manabazareba, oite noti ni urami kuyu to iyedomo, naho eki suru tokoro aru koto nasi.

26-27. Karuga yuye ni syowo yomite, umu koto nakare; gaku-mon ni okotaru toki nakare.

28-29. Neburiwo nozoite yomosugara zyu se yo! uyewo si-nobite hime-mosu narahe.

30-31. Si ni a'u to iyedomo, manabazareba, itadura ni iti-bito ni muka'u ga gotosi.

21-22. Les quatre éléments du [corps] s'affaiblissent tous les jours; l'âme s'obscurcit toutes les nuits (11).

23-25. Pendant la jeunesse, si l'on ne s'attache pas à étudier; quand bien même, une fois devenu vieux, on en éprouverait du repentir, il n'y aura plus moyen d'y remédier.

26-27. C'est pourquoi il faut vous mettre en garde contre toute défaillance, quand vous vous livrez à l'étude (12), & éviter les moments d'oisiveté, quand vous vous adonnez à la littérature.

28-29. En chassant le sommeil, toute la durée de la nuit, [livrez-vous à] la lecture; en endurant la faim toute la durée du jour, livrez-vous à l'étude (13).

30-31. Quand même vous fréquenteriez un maître, si vous n'étudiez pas, ce sera inutile [pour vous], comme si vous étiez en présence de gens vulgaires (14).

21-22. Sse-taï jih-jih chouaï; sin-chin ye-ye ngan.
23-25. Yeou chi pouh kin hioh, lao heou soui heh hoaï, chang wou yeou so yih.
26-27. Kou tou chou, wouh kiouen; hioh wen, wouh taï chi.
28-29. Tchou mien toung ye soung; jin ki tchoung-jih sih.
30-31. Souï hoeï chi pouh hioh, tou jou hiang chi-jin.

32 ならひ よむ と いへども ふく せざれば たゝ とゝなり の たから を はかる が ごとゑ

34 くんし ハ ち ゑや を あいし・ せう ふん ハ ふく ぎん を あいす

36 ふう き の いへ に ふいる と いへども さい なき ひと の たま ふ ハ なほ も の ゑ た の はな の ごとゑ

39 ひん せん の もん を いぶる と いへども ち ある ひと の ため ふ ハ あたかも でい ちう の はちす の ごとゑ

42 ふぼ ハ てんち の ごとく・ し ぐん ハ ぎつ げつ の ごとゑ

32-33. Nara'i yomu to iyedomo, fuku sezareba, tada tonari no takarawo hakaru ga gotosi.

34-35. Kun-si va, ti-syawo aisi; seô-nin va fuku-zinwo aisu.

36-38. Fû-ki no iye ni iru to iyedomo, zai naki hito no tame ni va, naho simo no sita no hàna no gotosi.

39-41. Hin-sen no monwo iduru to iyedomo, ti aru hito no tame ni va, atakamo dei tiu no hatisu no gotosi.

42-43. Fu bo va, teṇ ti no gotoku: si kuṇ va, zit̪u g̣etu ṇọ gotosi.

32-33. Quand même vous feriez des lectures pour vous instruire, si vous ne les repassez pas, ce sera tout simplement comme si vous comptiez les richesses du voisin.

34-35. L'homme vertueux aime les Sages; l'homme de basse nature (15) aime les hommes fortunés.

36-38 Quand même il entrerait dans une maison riche & noble, l'homme qui n'a pas de talent, est tout comme une fleur [fannée] sous la gelée blanche (16)

39-41. Quand même il entrerait dans une famille pauvre, l'homme qui possède la sagesse, est tout-à-fait comparable à un nénuphar au milieu de la boue (17).

42-43. Le père & la mère sont comme le Ciel & la Terre; le maître & le sage sont comme le Soleil & la Lune.

32-33. Soui sih tou, pou feou, chi jou ki lin tsaï.

34-35. Kiun-tse 'aï tchi tche; siao jin 'aï fouh jin.

36-38. Soui jih fou kouei kia, weï wou tsaï jin tche, yeou jou tchouang hoa hia.

39-41. Soui tchuh pin-tsien men, weï yeou tchi jin tche, youen jou ni tchoung lien.

44 ゑんぞくハたとへばあゑのごとく・ふさいハ
なほかはらのごとゑ
46 ふぼにハてうせきふかうせよ・ゑくんふハ
ちうやふにかへよ
48 ともとまぞはつてあらそふことなかれ
49 たのれよりあにハれいけいをつくゑ・
たのれよりおととふハあいこをいたせ
51 ひとへをそちなきものはぼくせきふこと
ならず
53 ひとへをそかうなきものねちくせうふ
ことならず

44-45. Sin-zoku va, tatoyeba asi no gotoku; fu-sai va, naho kavara no gotosi.

46-47. Fu-bo ni va, teô seki ni kau se yo! Si kun ni va, tiu ya ni tukaye yo!

48. Tomo to mazivatte, araso'u koto nakare.

49-50. Onore yori ani ni va, rei-keiwo tukusi, onore yori ototo ni va, ai kowo itase.

51-52. Hito to site, ti naki mono va, boku seki ni koto narazu.

53-54. Hito to site, kau naki mono va, tiku seô ni koto narazu.

44-45. Les parents & les alliés sont comme la plante Asi [qui se propage indéfiniment] ; le mari & la femme sont comme la brique (18).

46-47. Vous devez donc avoir, pour votre père & pour votre mère, du matin au soir, de la Piété filiale ; & servir votre maître & le prince jour & nuit.

48. Dans vos relations avec vos amis, évitez les disputes.

49-50. Accomplissez les rites & les devoirs du respect vis-à-vis de vos frères aînés ; accordez affection & assistance à vos frères cadets (19).

51-52. L'homme qui n'a point la sagesse, ne diffère point de l'arbre ou de la pierre.

53-54. L'homme qui n'a point la Piété filiale, ne diffère pas des animaux.

42-43. Fou mou jou tien ti ; sse kiun jou jih youeh.
44-45. Tsin- tsouh pi jou weï ; fou-tsi yeou jou wa.
46-47. Fou mou hiao tchao sih! sse kiun sse tcheou-ye !
48. Kiao yeou wouh tseng sse.
49-50. Ki hioung tsin li king ; ki ti tchi 'aï kou.
51-52. Jin œll wou tchi tche, pouh i yu mouh chih.
53-54. Jin œll wou hiao tche, pouh i yu tchouh seng.

55 さんがくのともふ まぞはらずんば なんぞ
ゑちがくのはやゑふ あそばん

57 ゑとうのふねふ のらずんば たれか
はつくのうみを わたらん

59 はつ ぞやう だうハ ひろゑ といへども
ぞんあくのひとハ ゆかず

61 むゐの みやこハ たのゑむと いへども
はういつのともがらハ あそばず

63 れひたるを うやまふハ ふぼのごどく いと
けふきを あい するハ ゑてい のごとゑ

65 われ たふんを うやまへば たふん また
われを うやまふ

55-56. San-gaku no tomo ni mazivarazumba, nanzo siti gaku no hayasi ni asoban?

57-58. Si-tô no fune ni norazumba, tare ka hatu-ku no umi wo wataran?

59-60. Hatu syau dau va hirosi to iyedomo, ziu aku no hito va yukazu.

61-62. Mu-ï-no miyako va tanosimu to iyedomo, hau-itu no tomogara va asobazu.

63-64. Ohitaruwo uyamaʻu va, fu bo no gotosi. Itokenaki wo ai-suru va, si-tei no gotosi.

65-66. Ware ta ninwo uyamayeba, ta nin mata warewo uyamaʻu.

55-56. Si vous ne fréquentez pas les amis des Trois Études, comment pourrez-vous vous réjouir dans la Forêt des Sept Concepts (20)?

57-58. Si l'on ne monte pas les Navires des Quatre Degrés, comment pourrait-on traverser l'Océan des Huit Calamités (21)?

59-60. Quoique la route des Huit Droitures soit large, l'homme aux Dix Défauts (22) ne peut pas la parcourir.

61-62. Quoique la situation de l'Inactivité soit agréable, les amis du vice ne s'en réjouiront pas (23).

63-64. Respectez les vieillards comme votre père & votre mère; aimez les jeunes gens comme vos fils & vos frères cadets.

65-66. Celui qui respecte les autres hommes, les autres hommes le respectent à leur tour.

55-56. Pouh kiao San-Hioh yeou, ho yeou tsih kioh lin?
57-58. Pouh ching Sse-Teng tchouen; choui tou pah kou haï?
59-60. Pah-Tching tao soui kouang, chi ngo jin pouh wang.
61-62. Wou-weï tou soui loh, fang-yih peï pouh yeou.
63-64. King lao jou fou mou; 'aï yeou jou tsze ti.
65-66. Ngo king ta jin tche, ta jin i king ngo.

67 をのれ ひとの おやを うやまへば ひと また
をのれが おやを うやまふ

69 をのれが みを たつせんと ほつする ものは まづ
たにんを たてせしめよ

71 たにんの うれひを みては すなはち みづから
ともに うれふべし

73 たにんの よろこびを みては すなはち みづから
もともに よろこぶべし

75 ぜんを みては すみやかに おこなひ・あくを
みては たちまち さけよ

67-68. Onore hito no oyawo uyamayeba, hito mata onore ga oyawo uyamaʻu.

69-70. Onore ga miwo tassen to hossuru mono va, madu ta ninwo tatu-sesime yo!

71-72. Ta nin no ureʻiwo mite va, sunavati midukara tomo ni ureʻu besi.

73-74. Ta nin no yorokobiwo kikite va, sunavati midukara mo tomo ni yorokobu besi.

75-76. Senwo mite va, sumiyaka ni okonaʻi; akuwo mite va, tatimati sake yo!

67-68. Celui qui respecte les parents des autres, les autres respectent à leur tour ses parents.

69-70. Celui qui désire de l'avancement dans sa carrière, doit d'abord faire avancer les autres.

71-72. Celui qui voit le chagrin des autres hommes, doit participer à leur tristesse.

73-74. Celui qui apprend le bonheur d'autrui, doit également se réjouir avec lui.

75-76. Celui qui voit le bien, doit aussitôt le pratiquer; celui qui voit le mal, doit sur-le-champ le fuir.

67-68. Ki king jin tsin tche, jin i king ki tsin.
69-70. Yoh tah ki chin tche, sien ling tah ta jin.
71-72. Kien ta jin tchi tseou, tsih tsze koung ko hoan.
73-74. Wen ta jin tchi hi, tsze tsze koung ko yueh.
75-76. Kien chen tche, souh hing; kien ngo tche, hoeh pi.

へば ひゞきの おとに おうずるが ごとえ
77 ぜんを ゑゆする ものハ ふくを かうふる. たと

あたかも みふかげの ゑたがふが ごとえ
79 あくを このむ ものハ わざはひを まねく.

あるひハ はぢめハ とみて たわり まぢえく
81 とむ と いへども まぢえきを わするへこと なかれ

ふかれ. あるひハ さきふ たつとく えて のちふ いやえ
83 たつとえ と いへども いやえきを わするへこと

ぎやうの ふさい
85 それ ならひ がたく わすれ やすきハ たん

77-78. Zenwo syu-suru mono va, fukuwo kaufuru. Tatoyeba hibiki no oto ni ô-zuru ga gotosi.

79-80. Akuwo konomu mono va, wazava'iwo maneku. Atakamo mini kage no sitaga'u ga gotosi.

81-82. Tomu to iyedomo, madusikiwo wasururu koto nakare, aru'iva hazime va tomite, owari madusiku.

83-84. Tatutosi to iyedomo, iyasikiwo wasururu koto nakare; aru'i va saki ni tattoku site, noti ni iyasi.

85--86. Sore nara'i gataku wasure yasuki va, on-zyau no fu-sai.

77-78. Celui qui pratique le bien reçoit le bonheur : comme exemple, (on peut dire qu')il est tel que le son que répercute l'écho.

79-80. Celui qui aime le mal appelle (23) le malheur, lequel est comme l'ombre qui suit le corps.

81-82. Quoique vous soyez riche, n'oubliez pas le pauvre; peut-être celui qui a été riche au commencement sera pauvre à la fin.

83-84. Quoique vous soyez noble, n'oubliez pas le misérable; il peut arriver que celui qui a été noble d'abord, soit misérable plus tard.

85-86. Ce qu'on étudie difficilement & oublie facilement, c'est le vain talent des sons [tel que la musique, la poésie légère, etc.] (24).

77-78. Sieou-chen tche, mong fouh; pi jou hiang ing yin.
79-80. Hao ngo tche, tchao ho; youen jou soui chin ying.
81-82. Soui fou, wouh wang pin; hoeh chi fou, tchoung pin.
83-84. Soui koueï, wouh wang tsien; hoeh sien kouei, heou tsien.
85-86. Fou nan sih, yih wang, yin ching tchi feou tsaï.

ぎりごきやうとわり

87 またまなびやすくわすれがたきハ
そよひつのはくげい
89 またみあればいのちあり
たべそよくあればはふあり
91 なほのうげゐをわすれず・
かならずがくもんをはいすること
なかれ
93 かるがゆへにまつだいのがくそや
まぜこのそよをあんずべそ
96 これがくもんのはぢめみをわる
までばうそつすることなかれ

87-88. Mata manabi yasuku wasure gataki va, syo hitu no haku-gei.

89-90. Tadasi sioku areba ha'u ari ; mata mi areba inoti ari.

91-92. Naho nô-geôwo wasurezu ; kanarazu gaku-monwo haï-suru koto nakare.

93-94. Karuga yuye ni matu-dai no gaku-sya, madu kono syowo an-zu besi.

95-96. Kore gaku-mon no hazime, mi owaru made bau-situ suru koto nakare.

ZITU-GO KYAU OWARI.

87-88. De même, ce qu'on acquiert facilement & ce que l'on perd difficilement, c'est le talent littéraire (25).

89-90. Or, si l'on a la nourriture, on a la loi (les bons principes); de même, si on a le corps, on a la vie.

91-92. Surtout n'oubliez pas l'agriculteur; et ne négligez assurément pas la science (26).

93-94. Les étudiants des âges futurs devront tout d'abord s'attacher à l'étude de ce livre.

95-96. Il est le commencement de la science. Jusqu'à la fin de la vie, gardez-vous de l'oublier ou de l'abandonner.

FIN DE L'ENSEIGNEMENT DES VÉRITÉS.

87-88 Yeou yih hioh, nan wang, chou pi tchi poh i.
89-90. Tan yeou chih yeou fah ; i yeou chin yeou ming.
91-92 Yeou pouh wang noung yeh ; pi moh feï hioh wen.
93-94. Kou moh taï hioh tche, sien ko 'an tsze chou.
95-96. Che hioh wen tchi chi, chin tchoung wouh wang chih.

CHIH-YU KIAO TCHOUNG.

COMMENTAIRES ET ÉCLAIRCISSEMENTS.

(1) *Gan-si* est le nom japonais de l'écrivain chinois *Yen Tchi-toui* (彦之推), auquel on doit un ouvrage sur la morale domestique, composé en sept livres pendant le viie siècle de notre ère. L'auteur, bien que s'appuyant généralement sur la doctrine confucéiste, émet des idées qui rattachent son œuvre aux monuments de la littérature chinoise bouddhique. Ce mélange de pensées empruntées à des sources philosophiques ou religieuses différentes, parfois même opposées les unes aux autres, se remarque fréquemment dans les traités de morale chinoise, surtout depuis la grande révolution taosséiste opérée par le puissant despote *Tsin-chi Hoang-ti* (195 à 209 avant notre ère). On sait, en effet, que les taosséistes, qui prétendaient fonder leur doctrine sur le *Tao-teh-king* 道德經 de Laotsze, ne comprenaient déjà presque plus l'ouvrage d'ailleurs fort obscur du célèbre rival de Confucius, et qu'ils cultivaient une sorte de religion mêlée d'une foule de pratiques idolâtres et de superstitions grossière, aussi opposées que possible à la philosophie sévère et anti-fétichiste de celui qu'ils désignaient pour leur maître. Les Japonais, qui paraissent avoir reçu les ouvrages taosséistes de la Chine vers le ve siècle de l'ère chrétienne, acceptèrent sans discussion le mélange d'idées étérogènes qu'ils renfermaient, et leurs plus anciens traités de morale, ainsi que les livres composés au Nippon pour l'enseignement de la jeunesse, ne furent à leur tour, pendant longtemps, qu'un bizarre assemblage de données religieuses incohérentes. Ce n'est guère qu'au xie siècle, que plusieurs écoles bouddhiques

indigènes créèrent au Japon un corps de croyances *sui-generis*, et si l'on en croit le célèbre voyageur Ph. Fr. von Siebold, un culte supérieur fondé sur une adoration intérieure et spirituelle de la divinité. Il ne m'a pas été possible, jusqu'à présent, de découvrir, dans les ouvrages japonais que j'ai eus à ma disposition, quelle a pu être l'origine de l'assertion du célèbre naturaliste allemand *.

(2) En chinois : 家訓 *Kia-hiun* « Instructions domestiques ».

(3) Ou plutôt de la « femelle » d'un animal qui joue un rôle important dans les légendes populaires des Chinois. La corne de cet animal est seulement de chair (角末有肉), son corps est recouvert d'écailles et de barbes comme le dragon ; ses pieds ressemblent à ceux du cerf. Le mâle s'appelle *ki*, la femelle *lin* ; ces deux noms réunis servent de dénomination générale au quadrupède, quand on ne veux pas préciser le sexe. Un *ki-lin* parut à la naissance de Confucius, et un autre *ki-lin*, tué à la chasse par la cour du roi, fut, pour le grand moraliste de Lou, le présage de sa fin prochaine. — Le *lin*, suivant le *Choueh-wen*, est un daim de grande espèce. Il a le corps d'un cerf, la queue d'un bœuf, le front d'un loup, le sabot d'un cheval; il est de toutes couleurs (litt. des cinq couleurs) ; le dessous du ventre est jaune ; sa hauteur est de 12 pieds (高丈二). Suivant le *Yu-pien*, c'est l'animal qui symbolise

---

* Voy., sur la doctrine des Taosse, la traduction d'un de leurs livres les plus populaires, dans mes *Textes Chinois anciens et modernes*, p. 7 ; mon article *Taosséisme*, dans le *Dictionnaire de la politique*, de M. Block, et la notice de Ph. Fr. von Siebold sur la doctrine des bouddhistes japonais, dans son *Pantheon von Nippon*, notice analysée dans mes *Études Asiatiques*, p. 323.

l'humanité (仁). L'ancien dictionnaire *Œll-ya* et le *Choueh-wen* disent que le *ki-lin* est un grand cerf unicorne. Suivant une autre autorité mentionnée dans le *Kang-hi Tze-tien*, le mâle, appelé *ki*, n'aurait point de corne.

(4) Les signes 蒲衣 *pou-i*, qui répondent au sinico-japonais *ho-i*, ne me paraissent pas précisément représenter un nom d'homme. Ils désignent « un lettré retiré ». — Quant à *Kô-toku*, c'est le nom sinico-japonais d'un homme appelé *Hiang-toh*, que les *Mémoires historiques* de Sse-ma Tsien nous citent comme ayant été, en effet, à l'âge de sept ans, précepteur de Confucius : 夫項槖生七歲爲孔子師 (Voy. *Sse-ki*, livr. LXXI, section *kan-lo*).

(5) C'est-à-dire : « pendant la jeunesse, on subit aisément l'influence des milieux dans lesquels on est placé ».

(6) L'auteur fait ici allusion à une anecdote très-populaire de la vie du philosophe Mencius (ch. 孟子 *Meng-tsze*; jap. *Mau-si*). Le hazard ayant appelé sa mère, lorsqu'il était encore en bas âge, à habiter près de la maison d'un boucher, celle-ci dût bientôt changer de résidence, dans la crainte où elle était que son fils, habitué à voir tuer des animaux, ne devint insensible à la vue du sang et prit un caractère cruel. Elle ne demeura pas longtemps dans un autre domicile qui se trouvait à côté d'un cimetière, parceque le jeune Mencius s'amusait à faire des enterrements et à imiter les gémissements des parents de ceux qu'on venait d'inhumer, ce qui pouvait l'amener à ne plus prendre au sérieux les cérémonies du culte des morts, si profondément respectées des Chinois. A la fin, elle trouva une maison ituée près d'une école, et s'y fixa. L'enfant, par esprit

d'imitation, s'adonna à la lecture, et réalisa les vœux les plus ardents de sa mère, en consacrant à l'étude la plus grande partie de ses journées et de ses veilles.

(7) En japonais, *mayo'i* (迷); litt. « l'égarement »

(8) Le *Zitu-go kyau* et le *Dô-zi kyau*, longtemps employés au Japon pour l'éducation de la jeunesse, ne sont plus guère répandus aujourd'hui que dans les campagnes et dans les localités éloignées des grandes villes dites « impériales ».

(9) 萬代財; en japonais, *ban-dai no takara*, litt. « des richesses pour mille générations », c'est-à-dire « des richesses éternelles ».

(10) 千兩金; en japonais, *sen-ryau no kogane*, litt. « l'or de mille ryaux ou taëls ». — 一日學 en japonais, *iti niti no gaku*, litt. « l'étude d'un seul jour ».

(11) 四大 *si-dai* « les quatre grandeurs », c'est-à-dire les quatre forces constitutives ou essentielles de notre être matériel. Les quatre *dai*, suivant la doctrine des bouddhistes, sont : 1. La force de la Terre (地大); — 2. La force de l'Eau (水大); — 3. La force du Feu (火大); 4. La force du Vent (風大). Les six dixièmes du corps humain résultent d'un emprunt à ces quatre choses, savoir : la Terre, l'Eau, le Feu et le Vent. Quand ces quatre *dai* se séparent, dit le livre intitulé *Yem-butu-kyau*, où est le corps humain ? — *Sin-zin* veut dire « l'âme » (魂). A mesure que le corps devient faible par l'âge, l'âme elle-même est affaiblie : peu à peu la vigueur naturelle (根氣 *kon-ki*, l'élément nerveux) s'épuise

épuisé, l'âme (𛀀 *tamasii*) à son tour s'obscurcit. (COMMENTAIRE B.)

(12) Litt. « quand vous lisez des livres ».

(13) Il semble y avoir ici une allusion à un célèbre lettré de la Chine qui s'imposait toute sortes de privations, pour ne pas se distraire de l'étude. Il avait attaché au plafond de son cabinet de travail l'extrémité de la queue de sa chevelure, afin de ne pas tomber assoupi sur son livre; et, lorsque la fatigue l'invitait au sommeil, il se piquait la cuisse avec des aiguilles pour se réveiller.

(14) L'expression 市人 *iti-bito*, litt. « un homme du marché », répond ici à notre locution « le premier venu »

(15) 小人 *seô-ẓin*, litt. « l'homme petit ». Il faut entendre par là un homme stupide qui ne connaît point la philosophie (*Seô-nin to va, mitiwo siraẓaru gu-ẓin nari*). (COMMENTAIRE A.)

(16) Il est comme une fleur flétrie par la gelée blanche (*Simo ni itameru hana no gotosi*). (COMMENTAIRE A.)

(17) Par exemple, l'homme qui possède l'intelligence, quand bien même il serait né dans la pauvreté, est semblable à un Lotus qui, éclos au milieu de la boue, demeure droit et sans tache, même dans la boue. — Le Lotus est, parmi les fleurs, le symbole du sage. (COMMENTAIRE B.)

(18) Par l'expression *sin-ẓoku*, il faut entendre les parents. Comme la plante 葦 *asi* pousse très-touffue, elle est le symbole de ce qui est nombreux (de ce qui se propage, comme la famille). — *Kavara*, que j'ai traduit par « brique », signifie littéralement « une tuile ». Comme les tuiles sont le symbole des choses abjectes, le mari et la

femme, si on les met en parallèle avec un père, une mère ou un prince, sont comparables à la tuile. (Commentaire A.)

Ce passage du *Zitu-go kyau*, où les liens de parenté des époux sont considérés comme si secondaires, et en quelque sorte d'une nature abjecte, s'explique par l'idée de profonde infériorité que les Orientaux attachent à la femme, et aussi par le caractère des liens qui, d'après la doctrine du *Hiao*, unissent les enfants à leur père et à leur mère. Et, à ce sujet, il me paraît utile de faire observer que les degrés de parenté ne sont pas les mêmes chez ces peuples dans la lignée paternelle et dans la lignée maternelle. En général, les parents, du côté de la femme, sont placés deux degrés plus bas que les parents du côté de l'homme. (Cf. *Wa-kan San-sai du-ye*, ou Grande Encyclopédie Japonaise, Notice sur les parentés, livr. x).

(19) Ces aphorismes rappellent ceux que renferme le livre populaire taosséiste intitulé *Yin-tchi wen*, dont j'ai publié la traduction dans mes *Textes Chinois anciens et modernes*, p. 12.

(20) Les Trois Études (jap. *San-gaku*) sont :

1º La *Kai-gaku*, qui enseigne la manière d'éviter les mauvaises actions ou les mauvais sentiments.

2º La *Deô-gaku*, qui enseigne l'art de demeurer dans l'extase, sans communication avec aucun être.

3º La *E-gaku*, qui enseigne à chasser les passions et toute action du sentiment.

Les Sept Concepts (jap. *Siti-gaku*) sont :

1s *Syaku-hô-gaku-bun*, le choix de la vraie doctrine.

2º *Syô-ʒin-gaku-bun*, ne pas faire en vain des actions odieuses (telle que l'adoration des faux idoles).

3º *Ki-gaku-bun*, la satisfaction de pratiquer la vraie religion.

4º *Zyo-gaku-bun*, chasser les autres religions et faire du bien aux autres.

5º *Sya-gaku-bun*, chasser les passions.

6º *Zyau-gaku-bun*, la tranquillité dans l'extase.

7º *Nen-gaku-bun*, la tranquillité dans l'adoration.

(21) Les Quatre Degrés (jap. *Si-tô*) sont :

1º *Zi-tô*, le nom de Bouddha.

2º *Go-tô*, la parole de Bouddha.

3º *Sin-tô*, le corps de Bouddha.

4º *Hau-tô*, la loi du Bouddha.

Les Huit Calamités (jap. *Hati-ku*) sont :

1º *Syau-ku*, les tourments pendant la vie.

2º *Rau-ku*, les souffrances de la vieillesse.

3º *Byau-ku*, les maladies.

4º *Si-ku*, la mort.

5º *Aï-betu-ri-ku*, les tourments causés par la séparation des personnes aimées.

6º *On-zô-ku*, les sentiments de haïne.

7º *Gu-fu-toku-ku*, les passions pour les choses déraisonnables.

8º *In-sei-ku*, l'amour.

(22) Les Huit Droitures (jap. *Hati-syau*) sont :

1º *Syau-ken*, avoir une vue droite (aller droit au but pour l'accomplissement du devoir).

2º *Syau-si-yui*, avoir des idées justes.

3º *Syau-go*, avoir des paroles droites.

4º *Syau-geô*, faire des actions droites.

5º *Syau-meï*, avoir une existence honnête.
6º *Syau-zeô-zin*, avoir de bons sentiments.
7º *Syau-nen*, croire à la vraie doctrine.
8º *Syau-dau*, posséder la tranquillité de l'âme.

Les Dix Défauts (jap. *Zyu-aku*) sont :

1º *Sès-yau*, tuer les êtres vivants.
2º *Tu-tô*, le vol.
3º *Zya-in*, le viol.
4º *Bau-go*, le bavardage.
5º *Ryau-zetu*, la fausseté.
6º *Ak-kô*, la calomnie ; faire des malédictions (souhaiter du mal à autrui).
7º *Ki-go*, le défaut de franchise.
8º *Dan-zoku*, les mauvaises passions.
9º *Sin-ye*, la colère.
10º *Zya-ken*, avoir une mauvaise vie (Cf. *Syo-gen-zi-kau*, éd. lith., p. 226, 3).

(23) 無爲 le « Non-Agir » ou le « Non-Être » est ce qu'on appelle, en langue indienne, 涅槃 *nehan* (sanscrit : *nirvâna*). C'est l'absence absolue (*is-sai*) de désirs ; c'est, en se confiant à la nature, se plaire dans un milieu de quiétude. Toutefois si, vicieux, on se laisse aller à ses instincts, et si l'on fait le mal, on ne peut jouir de la situation du Non-Agir (litt. de la capitale du Non-Agir). (COMMENTAIRE B.)

Mu-i, le Non-Agir, consiste à ne pas faire de mauvaises actions et à conserver la tranquillité de l'âme. Cette situation est comparée à une capitale (*miyako-ni*). — Par *hau-itu*, il faut entendre l'homme qui, guidé par son caprice, fait de mauvaises actions. L'homme de cette espèce n'a point de jouissance dans la capitale du Non-Agir. (COMMENTAIRE A.)

(23*) En japonais : 招く *maneku* « inviter ». —

« L'homme qui aime le mal est inséparable du malheur, comme l'ombre projetée par un corps est inséparable de ce corps lui-même ». Ce passage est extrait du livre bouddhique *Hitu-zai kyau*, où il est donné comme avertissement. (COMMENTAIRE B.)

(24) Litt. « le talent flottant (浮才 *fu-sai*) des sons et des tons. — Ce qu'on appelle le talent flottant des sons et des tons, c'est le chant (*uta'i*), l'opéra (*zyau-ru-ri*), la chansonnette (*ko-outa*), la flûte (*fuye*), le tambour (*tai-ko*), la guitare (*sa-mi-sen*), et en général tous les airs légers qui sont extrêmement difficiles à apprendre et très-faciles à oublier ». (COMMENTAIRE B.)

(25) Litt. : « l'art des livres et du pinceau ». — Lorsque la jeunesse commence à se livrer à l'étude, elle doit s'attacher tout d'abord à apprendre à lire et à écrire.

(26) Tout en pensant sans cesse aux souffrances des hommes du peuple qui se livrent à l'agriculture, il faut s'adonner à la littérature. Lorsque l'agriculture et la science sont cultivées parallèlement, c'est la fortune (重寳 *tyau-hau*) de l'empire. (COMMENTAIRE B.)

童子教

DO-ZI KYAU

L'ENSEIGNEMENT DE LA JEUNESSE

TOUNG-TSZE KIAO

童子敎

どうぞきやう

羅尼西 譯

1 それ きふんの まへふ ゐて ハ

2 けんろふ たてる ことを ゑざれ

3 だうろふ あふて ハ びざまぢいて すぎよ

4 めす こと あらば つゝえんで うけたまはれ

5 りやうの てを むねふ あてゝ むかへ

6 つゝゑんで さゆうを かへり みざれ

DO-ZI KYAU.

1. Sore ki-nin no maye-ni ïteva,
2. Ken-ro ni tatu kotowo yezare
3. Dau-ro ni a'ute va hizamaduite sugi yo!
4. Mesu koto araba tutusinde uketamavare.
5. Ryau no tewo mune ni atete mukahe,
6. Tutusinde sa-yûwo kaheri mizare.

L'ENSEIGNEMENT DE LA JEUNESSE.

uand vous êtes en présence d'un homme noble [d'un seigneur],

2. Vous ne [devez pas agir sans façon (1).

3. Quand vous le rencontrez sur une route, agenouillez-vous en passant.

4. S'il vous appelle pour quelque affaire, répondez respectueusement [à son invitation];

5. Ayez les deux mains [posées] sur le devant de votre poitrine (2).

6. En lui témoignant du respect, ne regardez pas à droite & à gauche [négligemment].

TOUNG-TSZE KIAO.

1. Fou koueï jin tsien kiu,
2. Hien lo pouh teh lih,
3. Yu tao-lou koueï kouo,
4. Yeou tchao sse king tching,
5. Leang cheou tang hioung hiang,
6. Chin pouh kou tso-yeou.

7 といざれば ことへず
8 あ‘うせ あらば つつしんで きけ
9 さんばうには さんれいを つくゑ
10 ゑんめいには さいはいを いたせ
11 にんけんには いちれいを なせ
12 しくんをば てうだい すべゑ
13 はるを すぐる ときは すなはち つつしめ
14 やしろを すぐる ときは すなはち おりよ
15 たうたうの まへに むかひて

---

7. Toizareba kotoyezu.
8. A‘use araba tutusinde kike.
6. Sam-bau ni va san-reiwo tukusi.
10. Sin-mei ni va sai-haiwo itase.
11. Nin-ken ni va iti-reiwo nase.
12. Si-kunwo ba teô-dai su besi.
13. Haruwo suguru toki va, sunavati tutusime.
14. Yasirowo suguru toki va, sunavati ori yo!
15. Tau-tau no maye ni maka‘ite,

7. Si vous n'êtes pas interrogé, ne prenez pas la parole [litt. ne répondez pas].

8. Quand on vous donne des instructions, écoutez-les avec recueillement.

9. Accomplissez les Trois Rites à l'égard des Trois Trésors [bouddhiques] (3).

10. Prosternez-vous à plusieurs reprises devant les Dieux (4).

11. En société, saluez vos semblables.

12. Faites le grand salut au maître et au prince (5).

13. Quand vous passez près d'une tombe, soyez respectueux (6).

14. Quand vous passez près d'un temple, mettez pied à terre (7).

15. Quand vous passez devant une pagode,

---

7. Pouh wen tche, pou tah.
8. Yeou yang tche, kin wen.
9. San-Pao tsin San-Li.
10. Chin-ming tchi tsaï-paï.
11. Jin-kien tching yih li.
12. Sse-kiun ko ting taï.
13. Kouo mou chi, tse chin.
14. Kouo che chi, tse hia.
15. Hiang tang-tah tchi tsien,

16 ふぞやうを おこなふ べからず
17 えやう きやう の うへ に むかひて
18 ぶれい を いたす べからず
19 ぞんりん れい あれば
20 てうてい に は かならず はう あり
21 ひと と そて れい なき は
22 えゆ ちう また とが あり
23 えゆ ふ まざはりて ざうごん せざれ
24 こと をわらば すみやか に ふされ

16. Fu-zyauwo okona'u bekarazu.
17. Syau-kyau no uye ni muka'ite,
18. Bu-reiwo itasu bekarazu.
19. Zin-rin rei areba,
20. Teô-tei ni va kanarazu hau ari.
21. Hito to site rei naki va,
22. Syu-tiu mata toga ari;
23. Syu-ni mazivarite zau-gon sezare,
24. Koto owaraba sumiyaka ni sare!

16. Ne soyez pas malpropre (3).

17. Quand vous allez vers les hauteurs du Saint-Enseignement,

18. N'agissez pas sans façon (9).

19. Dans les relations de famille, si l'on s'attache à [l'accomplissement des rites],

20. La Cour possédera certainement la Loi (10).

21. Si le souverain n'accomplit pas les rites,

22. La multitude, de son côté, aura des vices.

23. Quand vous fréquentez la multitude, évitez [de vous exprimer] dans un langage bas.

24. Quand une affaire est terminée, vîte, ne vous en occupez plus (11).

---

16. Pouh ko hing pouh tsing.
17. Hiang ching-kiao tchi chang,
18. Pouh ko tchi wou-li.
19. Jin-lun yeou li tche,
20. Tchao-ting pi yeou fah.
21. Jin œll wou li tche,
22. Tchoung tchoung, i yeou kouo.
23. Kiao tchoung, pouh tsah yen.
24. Sse pih tche, souh pi.

33　ふぶきものはまたとがなゑ

32　なつのむゑのひふいるがごとゑ

31　ゆうゑやハかならずあやふきことあり

30　はがれたるさるのこのみをむさぼるがごとゑ

29　けだいのものハよくをいそぐ

28　れひたるいぬのともをほゆるがごとゑ

27　ことばたほきものはゑふすくふゑ

26　ごんごはふるへことをゑざれ

25　ことふふれてともふとがハず

25. Koto ni furete tomo ni togavazu.
26. Gon-go hanaruru kotowo yezare.
27. Kotoba ohoki mono va, sina sukunasi;
28. Ohitaru inu no tomowo hoyuru ga gotosi.
29. Ke-dai no mono va, syokuwo isogu;
30. Tugaretaru saru no konomiwo musaboru ga gotosi.
31. Yû-sya va, kanarazu aya'uki koto ari,
32. Natu no musi no hi ni iru ga gotosi.
33. Nibuki mono va, mata toga nasi,

25. Dans les affaires dont vous vous occupez, ne manquez pas de parole à vos amis ;

26. La parole est inséparable de celui qui l'a donnée (12).

27. Quand vous parlez beaucoup, il y a peu de substance [dans vos paroles] ;

28. Vous êtes comme un vieux chien qui aboie devant ses camarades [sans savoir pourquoi].

29. Celui qui est paresseux est toujours pressé de manger ;

30. Il est comme le singe affaibli qui désire avidement des fruits.

31. L'homme courageux s'expose certainement au péril [il est brave],

32. Comme les insectes de l'été qui sautent dans le feu (13).

33. Celui qui ne fait rien [l'indolent], ne commet pas de fautes,

---

25. Tchouh sse pouh weï poung ;
26. Yen-yu pouh teh li.
27. Yu to tche, pin chao ;
28. Lao keou jou feï yeou.
29. Kiaï-taï tche, kih chih ;
30. Pi youen jou tan ko.
31. Young tche, pih yeou weï,
32. Hia hoeï jou jih ho.
33. Tun tche yeou wou kouo,

34 はるのとりのはやゑにあそぶがごとゑ

35 ひとのみゝはかべにつく

36 ひそかにしてもざんげんすることなかれ

37 ひとのまなこはかくふかる

38 かくしてもをかゑみちゐることなかれ

39 くるまハさんずんのくさびをもちて

40 せんりのみちをゆきやうす

41 ひとハさんずんのゑたをもちて

42 ごゑやくのみをはそんす

---

34. Haru no tori no hayasi ni asobu ga gotosi.
35. Hito no mimi va kabe ni tuku.
36. Hisoka ni site mo zan-gen-zuru koto nakare.
37. Hito no manako va ten ni kakuru.
38. Kaku site mo okasi motsi'uru koto nakare.
39. Kuruma va san zun no kusabiwo motte,
40. Sen ri no mitiwo yu-gyau su.
41. Hito va san zun no sitawo motte,
42. Go syaku no miwo ha-son-su.

34. Semblables aux oiseaux, en automne, qui s'amusent dans les bois (14).

35. Aux murailles, sont attachées des oreilles d'homme (15);

36. Il ne faut [donc] pas dire des calomnies dans le secret [de sa demeure].

37. Au Ciel est exposé l'œil de l'homme (16);

38. Il ne doit [donc] point commettre des fautes en secret.

39. Avec une voiture [dont la roue est retenue] par une fiche de trois pouces,

40. On peut parcourir une distance de mille lieues.

41. L'homme, avec une langue de trois pouces [de longueur],

42. Peut briser un corps de cinq pieds (17).

---

34. Tchun niao jou yeou lin.
35. Jin œll tche, fou pih;
36. Mih œll wouh tsan yen.
37. Jin yen tche, hiouen tien;
38. Yin œll wouh fan young.
39. Tche, i san tsun hiah,
40. Yeou-hing tsien li lou.
41. Jin, i san tsun chih,
42. Po-sun ou tchang chin.

43　くちはこれ わざはひの もん
44　したはこれ わざはいの ね
45　くちを そて はなの ごとく ならゑめば
46　みをわるまで あえて ことふえ
47　くはごん ひとたび いだせば
48　ゑついも ゑたを かへさず
49　はくけいの たまハ みがくべゑ
50　あくげんの たまハ みがき かたゑ
51　くはふくハ もんふ なゑ

---

43. Kuti va, kore wazawa'i no mon;
44. Sita va, kore wazawa'i no ne.
45. Kutiwo site, hana no gotoku narasimeba,
46. Mi owaru made, ayete koto nasi.
47. Kwa gon hito tabi idaseba,
48. Si tui mo sitawo kayesazu.
49. Haku-kei no tama va migaku besi;
50. Aku-gen no tama va migaki katasi;
51. Kwa-fuku va mon ni nasi :

43. La bouche est la porte du malheur;

44. La langue est la racine du malheur (18)

45. Si l'on fait en sorte que la bouche soit silencieuse comme le nez,

46. Jusqu'à la fin de la vie, on n'aura pas d'affaires [mauvaises] (19).

47. Si on laisse échapper, une fois, des paroles coupables,

48. Un attelage de quatre chevaux est incapable de les rattrapper (20).

49. Les défauts d'une gemme blanche peuvent se réparer ;

50. La gemme des mauvaises paroles se répare difficilement.

51. Le malheur et le bonheur n'ont point de porte [spéciale] :

---

43. Keou che ho tchi men;
44. Cheh che ho tchi ken.
45. Sse keou jouh pi tche,
46. Tchoung chin kan wou sse.
47. Kouo yen i tchuh tche,
48. Sse tchoui pouh fan cheh.
49. Peh kouëï tien ko mo ;
50. Ngo yen yuh nan mo.
51. Ho fouh tche wou men :

52 たゞ ひとの まねく ところ ふ あり
53 てんの ふせる わざわひ ハ のがる べゑ
54 みゞから つくる わざはひは のがれ がたゑ
55 それ ゑやくぜん の いへ ふハ
56 かならず よけい あり
57 また あくを このむ の ところ ふは
58 かならず よわう あり
59 ひと ゝ ゑて いんとく あれば
60 かならず やう ばう あり

52. Tada hito no maneku tokoro ni ari.
53　Ten no naseru wayawa'i va nogaru besi
54. Midakara tukure wazawa'i va nogare gatasi.
55. Sore syaku-zen no iye ni va,
56. Kanarazu yo-kei ari.
57. Mata akuwo konomu no tokoro ni va,
58. Kanarazu yo-wau ari.
59. Hito to site, in toku areba,
60. Kanarazu yau-bau ari.

故末代学者先ツ案ノ書。
毛学文之始終似ノ勿忘失

実語教終

丈陀習易忘。
又易學難忘書籍之博覽
但有食有法亦可化有命
猶不忘農業必英麼學文

爲惡者招禍殃如寫冤書。
修善者壽福完如隨施報。
隨福勿怠貪或焰福絕貪。
隨貴勿怠賤或先貴後賤。

己⁶⁷欲⁶⁹立⁷¹思⁷⁵聞⁷⁵
欲達人之人⁷⁶
立己似之慈人
人亦若慈昂之
⁷⁰親⁶⁸先亦自恶
⁶⁸令立欲其若
親達己立可勿
。他⁷²他惠施
 人人。。。

八正道路廣、愛當於隨陰染、
愛當於隨陰染、發逸華果粗、
發光如父母、光初如子芽、
我敦他人者、他人亦敦我。

51 人而無智者
52 不異於木石
53 人而無孝者
54 不異於禽獸
55 不交無學友
56 何還七覺林
57 不乘記筆舩
58 誰渡八義海

事君如父母。魏徵碑如華。
事妻媚如尾父母孝朋夕。
事君仕温須交友勿得率。
已兄弟乳敬已方改電顏。

35. 小人乏
36. 餓人雖入富貴家。
37. 爲安戈人者猶如霜下艽。
38.
39. 路出貧衖門爲有貌人者。
40.
41. 窕如泥中蓮父毋如天地。
42.

27. 学文勿怠時。
28. 除眠通夜誦。
29. 惑则终月習。
30. 随會所不榮。
31. 绝如向市人。
32. 雖習讀不复。
33. 只如针隙魰。
34. 君子毫芒者。

賊物永不存。々物為賊物。四大同々義公神疲々睡。初時不勤學光陰隨眼搞。尚無有不盡故讀書勿倦。

11. 人不学不智不愚人。
13. 舍门贼有持。
15. 雖積千萬金不如一日学。
17. 兄弟若不合意熟為兄弟。

人眽布不贵以肩绝為贵
富毛一生賊卽興滅
貊毛万代財令徒卽废絕
玉而塵埀老亡老為石塵

實語教

山高加不貴、以有樹為貴

東學所 羅尼著譯

養聾新說 全一冊

詩歌撰葉 全一冊

中華古今操 全一冊

實語教

童子教

LE LOTUS
RECUEIL DE DOCUMENTS ORIGINAUX
RELATIFS A L'ORIENT BOUDDHIQUE

PUBLIÉS

Par LÉON DE ROSNY

PROFESSEUR A L'ÉCOLE SPÉCIALE DES LANGUES ORIENTALES

Le *Lotus* paraît par fascicules de cinq feuilles in-8 imprimées en noir et en couleurs, en caractères elzéviriens, sur beau papier vergé à la forme. — Une planche compte pour une feuille.

L'abonnement donne droit à quatre fascicules; le prix en est fixé ainsi qu'il suit :

Paris, 15 francs ; — *Départements* et *Union-Postale*, 16 francs; — *Pays d'outre-mer*, 18 francs.

Le prix des ouvrages publiés dans la collection du *Lotus* est doublé aussitôt après leur achèvement, pour les non-souscripteurs.

Adresser les souscriptions au bureau de la *Revue Orientale et Américaine,*

47, AVENUE DUQUESNE.
A PARIS.

N. B. — Un erratum et plusieurs index analytiques et philologiques seront publiés à la fin de la traduction du « Dô-zi-kyau ».

Paris. — Imprimerie de la Revue Orientale et Américaine,
Avenue Duquesne, 47.

www.ingramcontent.com/pod-product-compliance
Lightning Source LLC
LaVergne TN
LVHW021008090426
835512LV00009B/2147